Usborne

Cuentos de siempre para dormir

Adaptación: Rosie Dickins
Ilustraciones: Nathalie Ragondet
Traducción: Gemma Alonso de la Sierra

Sumario

Cenicienta

Érase una vez una joven muy bella de nombre Cenicienta...

La llamaban así porque, mientras su familia dormía en colchones de plumas, ella tenía que acurrucarse junto a la chimenea de la cocina para no pasar frío y amanecía cubierta de ceniza.

La madre de Cenicienta había muerto hacía años y su padre, que pasaba muy poco tiempo en casa, se había vuelto a casar. Su nueva esposa tenía a Cenicienta cocinando y limpiando todo el día, mientras daba todos los caprichos a sus dos hijas, que eran tan feas como presumidas.

Un buen día llegó a la casa una carta que llenó de entusiasmo a la madrastra.

"¡El príncipe va a dar un baile y nos ha invitado!", gritó loca de alegría. Al instante, la madrastra y sus dos hijas se enzarzaron en una discusión sobre trajes, zapatos y artimañas para enamorar al príncipe.

"¿A mí también?", musitó Cenicienta.

"¿A ti?", se burló su madrastra. "Mírate bien al espejo. ¡Pareces una pordiosera! No te dejarían entrar en palacio".

Durante los días siguientes, la madrastra de Cenicienta llamó a los modistos y peluqueros más prestigiosos del país para que trataran de ocultar la fealdad de sus dos hijas. No lo tenían fácil.

Por fin llegó la noche del baile. La madrastra y las hermanastras de Cenicienta se marcharon engalanadas y la dejaron sola.

"Ojalá pudiera ir al baile", dijo con un suspiro. Apenas unos segundos después, oyó que alguien llamaba a la puerta. Era una anciana con un bastón de plata. Cenicienta no la había visto en su vida, pero la anciana parecía conocerla.

"Hola, querida ahijada", dijo. "Soy tu hada madrina y esta noche irás al baile. Lo primero que necesitas es un carruaje. ¿Tienes una calabaza?".

Sin salir de su asombro, Cenicienta corrió al huerto y volvió con una calabaza.

El hada madrina alzó el bastón y de la punta salió una cascada de estrellas que deslumbraron a su ahijada. Cuando volvió a mirar, Cenicienta se quedó boquiabierta; la calabaza se había convertido en un carruaje de oro.

"Ahora, el cochero y los caballos", continuó el hada. "Tráeme un lagarto y cuatro ratones". Con otro golpe de bastón aparecieron cuatro caballos blancos y un cochero vestido de verde.

"Y tu traje, por supuesto", añadió. Cuando el hada madrina levantó el bastón, los harapos de Cenicienta se transformaron en un fabuloso vestido y en sus pies aparecieron dos zapatos de cristal.

Cenicienta dio un salto de alegría. "¡Oh, hada madrina! ¡Gracias, gracias!", dijo entre lágrimas.

"Pero recuerda", advirtió el hada mientras su ahijada subía a la carroza, "justo a medianoche, la magia desaparecerá. Tienes que regresar antes".

"Lo prometo", contestó Cenicienta.

El palacio resplandecía a la luz de cientos de lámparas cuando Cenicienta llegó a sus puertas. En cuanto entró, se hizo un silencio. Nadie había visto nunca a una joven tan bella.

El príncipe se le acercó con timidez y la invitó a bailar.

Los zapatitos de cristal de Cenicienta repiqueteaban sobre las baldosas del salón mientras daba vueltas y vueltas con el príncipe.

Lo estaba pasando tan bien que ya casi había olvidado la advertencia del hada madrina, hasta que un reloj empezó a dar las campanadas de...

"¡Medianoche!", exclamó. Acto seguido, Cenicienta se recogió las faldas y echó a correr.

"¿Adónde vas?", gritó el príncipe. Salió en su busca, pero era demasiado tarde. Cenicienta había desaparecido, aunque en su huida había perdido uno de los zapatos de cristal.

"Encontraré a la dueña de este zapato", anunció cuando lo recogió. "Y luego me casaré con ella".

Al día siguiente, el príncipe y su séquito recorrieron con el zapato las casas del reino. Todas las jóvenes se lo probaron, desde las princesas más altaneras hasta las criadas más humildes, pero a ninguna le quedaba bien.

Las hermanastras de Cenicienta también se lo probaron, pero tenían los pies demasiado grandes y rechonchos. Entonces, una muchacha tímida, cubierta de cenizas, dio un paso adelante para probárselo también.

"No es suyo", dijeron con desprecio las feas hermanastras. "Si ni siquiera fue al baile".

"Quiero que se lo pruebe", insistió el príncipe. ¿Era imaginación suya o esta joven le resultaba familiar? Conteniendo la respiración, llevó el zapato al pie de Cenicienta... ¡Le quedaba perfecto!

"Sabía que te encontraría", dijo entre risas mientras alzaba a Cenicienta por los aires.

"¡Mi príncipe!", exclamó ella abrazándolo con todas sus fuerzas.

Justo en ese preciso momento, alguien llamó a la puerta. Era el hada madrina, que anunció con una sonrisa: “Ahora, otra pizca de magia”.

El hada madrina alzó su bastón y los harapos de Cenicienta se transformaron en un vestido de novia. En la puerta, un carruaje de oro aguardaba para llevar a los jóvenes a palacio, donde vivieron felices y comieron perdices.

La madrastra y las hermanastras de Cenicienta se quedaron muy decepcionadas. “La culpa es toda vuestra”, se quejó la madrastra, “por tener los pies tan grandes”.

Ricitos de Oro

Ricitos de Oro tenía unos bonitos tirabuzones dorados y una sonrisa de caramelo. Parecía un angelito, pero se portaba como un demonio...

"¡Qué golosa eres!", exclamó su madre al verla en la cocina. "Esas galletas son para la merienda. ¡Suéltalas! Anda, sal a jugar un rato", le dijo. "Pero no vayas al bosque, que hay osos", le advirtió.

Ricitos de Oro iba ya trotando por el jardín, tan contenta. Los pajarillos cantaban y el viento mecía las hojas. "Pues yo no veo ningún oso", se dijo cuando ya estaba en el camino del bosque. Al poco rato, Ricitos de Oro se topó con una casita de madera muy bonita.

"Umm, ¿quién vivirá aquí?", se preguntó mientras se acercaba a la puerta. *¡Toc, toc!* Como nadie acudía a abrir, Ricitos de Oro decidió empujarla.

"¡Qué bien huele!", pensó. Al entrar, vio tres platos de sopa en una mesa.

Ricitos de Oro fue directa al plato más grande y probó una cucharada. "¡Ay!", exclamó. "¡Quema!". Entonces metió la cuchara en el plato mediano y probó de nuevo. "¡Puaj! Esta se ha quedado fría". Pero al probar la sopa del plato pequeño... "¡Qué rica!", se relamió la niña. Y se la zampó entera.

Junto a la mesa había tres sillas de madera. Ricitos de Oro se sentó en la más grande. "¡Qué dura!", dijo quejándose, y se pasó a la mediana. "¡Qué blanda!", protestó. Pero la silla pequeña era... "¡Perfecta!".

Al menos hasta que se rompieron las patas bajo el peso de la niña. *¡Pumba!*

"¡Vaya! ¿Y ahora dónde voy a descansar?", se preguntó mientras se sacudía las astillas.

A un lado de la habitación había una cortina, y detrás, tres camas con sus edredones a juego. Ricitos de Oro decidió acostarse en la más grande. "¡Qué dura es esta cama!", refunfuñó la niña. De un salto, se pasó a la cama mediana. "¡Esta es muy blanda!", protestó. Pero al acostarse en la cama pequeña, dijo... "¡Qué cómoda!".

Con la sopa calentita le había entrado sueño, así que se tapó con el edredón y se quedó dormida. Y allí seguía cuando se abrió la puerta y entraron tres osos en la casa. Las voces de los recién llegados la despertaron.

"¡Alguien ha probado mi sopa!", oyó que decía un tremendo vozarrón.

"¡Alguien ha probado también la mía!", escuchó comentar a otra voz más suave.

"¡Pues alguien ha probado mi sopa... y se la ha comido toda!", protestó una vocecita indignada.

"¡Ay, no!", exclamó asustada Ricitos de Oro cuando asomó la cabeza. "¡Son osos!".

"¡Alguien se ha sentado en mi silla!", gruñó el oso del vozarrón.

"¡Anda! También se ha sentado en la mía", exclamó el de la voz suave.

"¡Pues alguien se ha sentado en mi silla... y me la ha roto!", dijo el oso más pequeñito.

Entonces, los tres osos se volvieron hacia el dormitorio... Ricitos de Oro se metió debajo del edredón, temblando. "¡Ojalá no me vean!".

"¡Alguien se ha acostado en mi cama!", rugió el oso grande.

"¡Y alguien se ha acostado también en la mía!", exclamó el oso mediano.

"¡Pues alguien se ha acostado en mi cama... y ahí sigue!", dijo con sorpresa el osito pequeño.

Ricitos de Oro dio un grito de espanto y saltó de debajo del edredón. Al verse en medio de los tres osos, echó a correr y no paró hasta llegar a su casa. Y no volvió a desobedecer a su madre nunca más; bueno, casi nunca.

Juan y las habichuelas mágicas

Érase una vez un niño muy pobre que se llamaba Juan. Un día, su madre lo mandó al mercado a vender la única vaca que tenían.

Juan se puso en marcha con la vaca cuando, de repente, se topó con un desconocido.

"¡Qué vaca tan magnífica!", le comentó el extraño mientras acariciaba el lomo del animal. "Te la cambio por este montón de habichuelas".

"¿Habichuelas?", se carcajeó divertido Juan. "Esta vaca vale más que un montón de habichuelas".

"Claro, pero estas habichuelas son mágicas", explicó el hombre con un guiño. Y a Juan, de pronto, le pareció un trato estupendo...

"¡Bobalicón!", le gritó la madre cuando regresó. "Ahora nos hemos quedado sin vaca y sin dinero". Tiró las habichuelas por la ventana y se fue a dormir.

A la mañana siguiente, el cuarto de Juan amaneció inundado de una luz verde. Por la ventana no se veían más que hojas. "¡Una planta gigante!", exclamó al mirar hacia arriba. El tallo de la planta era tan alto que desaparecía entre las nubes.

"¿Qué habrá arriba del todo?", se preguntó Juan. El muchacho, lleno de curiosidad, trepó por el tallo hasta llegar a las nubes.

La planta terminaba justo a las puertas de un gran castillo con una puerta de roble enorme, que estaba entreabierta. Juan se coló por la rendija.

Dentro había una mesa y una silla del tamaño de una casa. En la chimenea ardía un árbol entero y un buey se asaba al fuego.

"Debe de ser el castillo de un gigante", pensó Juan. En ese momento, el suelo empezó a temblar. "¡Pasos!", pensó Juan alarmado y, al momento, corrió a esconderse detrás de una pata de la mesa.

"¡Ñam, ñam!", rugió el gigante. "Aquí huele a carne humana", dijo mientras se relamía con gran gusto. "¡Mi desayuno favorito!".

Juan se puso a temblar como una hoja detrás de la mesa. El gigante echó un vistazo, pero no lo encontró y acabó devorando el buey entero de dos bocados.

"¿Dónde está esa dichosa gallina?", murmuró. Agarró una cesta y la sacudió hasta que una gallina con plumas doradas cayó de su interior.

"¡Pon un huevo!", ordenó el gigante. Con mucho aleteo y cacareo, la gallina puso al instante un gran huevo de oro.

Juan se quedó de piedra. "¡Un huevo de oro!", se dijo sin poder creer lo que veía.

"¿Dónde habré metido el arpa?", se preguntó el gigante. Abrió un armario y sacó un arpa con las cuerdas de oro. "¡Toca!". El arpa interpretó entonces una melodía tan armoniosa y dulce que el gigante se quedó profundamente dormido.

"Son mágicos", pensó Juan. "Con esa arpa y esa gallina, ya no seríamos pobres".

Juan se acercó con mucho sigilo y consiguió agarrar la gallina y el arpa, pero tropezó mientras huía. El arpa se le resbaló y, al caer, hizo un ruido tremendo. "¡Oh, no!".

A su espalda se oyó un rugido estremecedor. El gigante se había despertado.

Juan no se lo pensó dos veces, echó a correr hacia la planta gigante y bajó lo más rápido que pudo. Pisándole los talones, el gigante lo perseguía lleno de furia.

Sin embargo, en cuanto el niño llegó abajo, cortó la planta de un hachazo limpio. El gigante, que aún estaba bajando, cayó al suelo con enorme estrépito y murió al instante.

Juan y su madre se quedaron con la gallina y el arpa mágicas. Y, gracias a todos los huevos de oro que vendieron, salieron de la pobreza y ya nunca más volvió a faltarles de nada.

Verdezuela

Había una vez una joven que estaba muy enferma y solo podía salvarse con una hierba llamada verdezuela.

Era pleno invierno y la hierba solo crecía en el huerto de una bruja malvada. Un día, el marido de la joven se armó de valor y entró en el huerto para llevarse una hoja...

En el momento en que la arrancó, escuchó un grito estremecedor. “¡Alto, ladrón!”. Era la bruja. “¿Cómo te atreves a robarme? ¡Lo pagarás caro!”.

“Lo siento”, balbuceó el joven. “La necesito para mi mujer, que está muy enferma. Por favor, te lo suplico... Está embarazada”.

La bruja sonrió con un gesto malvado. “Llévate la planta. A cambio, me darás al niño que nazca”.

El hombre, desesperado, aceptó. No tenía otra opción, pues la bruja era demasiado poderosa.

Su mujer dio a luz a una bonita niña. Apenas había nacido cuando alguien llamó a la puerta.

Era la bruja, que venía a llevársela. "La llamaré Verdezuela", anunció con una carcajada mientras arrebataba a la niña de los brazos de su madre. "En honor al trato que hicimos".

Verdezuela se crio así con la bruja, que la tenía siempre vigilada. Vivía encerrada en una torre sin entrada. La única forma de llegar a la niña era trepando, pero los muros resbalaban como si fueran de hielo y alrededor crecían arbustos de espinas.

Verdezuela tenía una larga cabellera rubia que no se había cortado nunca. Si la bruja iba de visita, gritaba: "Verdezuela, échame la caballera".

Verdezuela lanzaba por la ventana su trenza, que llegaba al suelo, y la bruja trepaba por ella.

Un día, un príncipe que pasaba por allí vio a Verdezuela mientras se peinaba junto a la ventana. Su belleza era tal que se enamoró de ella al instante. Verdezuela, que no había visto nunca a un hombre, también se quedó completamente prendada.

Sin pensarlo, la joven cautiva lanzó su cabellera y el príncipe trepó por ella. Charlaron y rieron durante horas y, antes del atardecer, ya se habían prometido en matrimonio.

"Ahora vete, antes de que vuelva la bruja", le suplicó Verdezuela. "Si te ve aquí, te matará".

"Volveré a por ti", prometió el príncipe, "y nos escaparemos juntos".

A su regreso, la bruja empezó a olisquear. "Aquí ha estado un hombre", masculló. "¡Pero nunca más volverás a verlo!". Dicho esto, de un tijeretazo cortó la trenza de Verdezuela, encerró a la muchacha en el armario y se dispuso a esperar...

Al cabo de un rato se oyó un susurro: "Verdezuela, échame la cabellera".

El príncipe subió por la larga cabellera que había caído hasta llegar a sus pies, pero al entrar por la ventana se dio de bruces con la bruja.

"Ya nunca más volverás a ver a tu amada", vociferó con gran maldad mientras pronunciaba un hechizo. De repente, alrededor del príncipe todo se volvió negro; la bruja lo había dejado ciego. Entonces sintió que las frías manos de la hechicera lo empujaban hacia la ventana.

"¡Noooo!", gritó pensando en los espinos que le esperarían a los pies de la torre. Los dos forcejearon y la bruja perdió el equilibrio...

Se tambaleó a un lado...
y luego al otro...
y al final cayó por la ventana.
Se oyó un alarido y luego nada.

"No creo que esa bruja vuelva a darnos problemas", suspiró el príncipe, aliviado. "¿Verdezuela? ¿Dónde estás?".

"Estoy aquí", se oyó entonces desde un rincón. El príncipe fue tanteando con las manos hasta que encontró el armario y lo abrió. Verdezuela lo abrazó y sus lágrimas cubrieron los ojos de su enamorado. Cuando el príncipe los volvió a abrir, descubrió que había recuperado la vista.

Con la mejor de sus sonrisas, dijo a Verdezuela: "Cásate conmigo. Seremos felices para siempre".

Y eso fue justo lo que hicieron.

El gato con botas

Había una vez un muchacho huérfano de padre y madre, sin nada ni nadie en el mundo, salvo un gato atigrado.

El muchacho se llamaba Pepe. “Ay, gatito”, suspiró mientras le acariciaba el lomo de rayas anaranjadas. “Sin trabajo y ya sin apenas nada de dinero, ¿qué vamos a hacer?”.

“No te preocupes. Confía en mí y nos irá de maravilla”, ronroneó el gato.

“¡Anda, si hablas!”, exclamó Pepe.

“Pues claro”, respondió el gato con una sonrisa. “Y no acaba ahí la cosa. Venga, cómprame un traje y unas botas y verás”.

Con sus últimas monedas, Pepe compró una chaqueta de terciopelo rojo, un sombrero de ala ancha y unas botas altas. Jamás se había visto un gato tan elegante.

El gato cazó entonces unos conejos bien gordos y se los llevó al Rey. “Majestad, esto es regalo de mi señor, el marqués de Carabás”, maulló.

Al día siguiente, le llevó dos salmones muy hermosos. "De parte del marqués de Carabás", maulló de nuevo.

El tercer día, fueron dos faisanes de plumas doradas...

"¿Quién es ese marqués?", preguntó el Rey, a quien ya le picaba la curiosidad.

"¿No conoce al marqués?", repuso el gato con cara de asombro. "¿El noble de afamado ingenio, extraordinaria sabiduría e inmensa riqueza?".

"Pues no", admitió el Rey. "Pero me encantaría conocerlo. Dile que está invitado a palacio".

El gato sonrió satisfecho.

"¿Qué has hecho?", protestó Pepe cuando el gato regresó con la invitación. "No soy marqués". Se miró la ropa que llevaba, vieja y remendada. "¿Cómo voy a presentarme ante el Rey así?".

"Tú no te preocupes", le tranquilizó el gato. "Ya se me ocurrirá algo. De momento, ve a bañarte al río mientras pienso".

Pepe obedeció, pero mientras chapoteaba en el agua, el gato recogió toda su ropa y la escondió bien debajo de una roca. Luego corrió a palacio, maullando como un loco.

"¡Socorro! ¡Auxilio! ¡Ayuda! Unos salteadores han robado al marqués, le han quidado la ropa y lo han lanzado al río. ¡Se va a ahogar!".

El Rey, muy alarmado, ordenó de inmediato a su guardia que acudiera al rescate del marqués con un traje.

Y así fue como Pepe llegó a palacio vestido con gran elegancia, y más guapo que el príncipe más pintado. La hija del Rey, la princesa Perla, se puso colorada nada más verlo.

El Rey dio un gran banquete en su honor y, después de comer, el gato propuso que dieran un paseo. “Para que vean el castillo de mi señor”, maulló.

“Pero, ¿qué dices?”, murmuró Pepe.

El gato le guiñó el ojo y se adelantó al grupo.

Resulta que, no muy lejos del palacio del Rey, había un castillo donde vivía un ogro aterrador.

Ni corto ni perezoso, el astuto gato con botas corrió muy decidido hasta el ogro.

"¿Es verdad que eres capaz de transformarte en animales?", le preguntó. "Yo no me lo creo".

"Pues te lo voy a demostrar", gruñó el ogro, y se convirtió en un fiero oso pardo. *¡Grrrrrr!*

"No está nada mal", concedió el gato. "Pero seguro que no eres capaz de convertirte en algo tan pequeño como un ratón".

"Pues mira", gruñó el ogro mientras se encogía.

El gato sonrió y se abalanzó sobre el ratón.

Cuando el Rey y Pepe llegaron, el gato aún se relamía los bigotes. "Bienvenido al castillo de mi señor", ronroneó. El Rey se quedó impresionado.

Ahora le tocaba a Pepe dar el banquete. Se pasó toda la noche bailando con Perla y, a la mañana siguiente, ya se habían prometido en matrimonio.

Pepe y Perla fueron felices y comieron perdices en compañía del gato con botas, que nunca más volvió a cazar un ratón, salvo por diversión.

Blancanieves y los siete enanitos

La princesa Blancanieves era la niña más bonita del mundo, con el pelo negro azabache, los labios encarnados y la piel blanca como la nieve.

Con el paso de los años, Blancanieves fue haciéndose aún más bella y su madrastra, la Reina, se moría de envidia.

Cada día, la Reina contemplaba su reflejo y preguntaba: "Espejito, espejito, dime una cosa, ¿quién es de todas la más hermosa?".

"Tú, mi Reina", contestaba siempre el espejo, hasta que un día su respuesta fue: "Blancanieves".

La Reina montó en cólera. "¡Nooo! ¡Yo tengo que ser la más hermosa!", gruñó. Esa misma tarde ordenó a un cazador que se llevara a la princesa al bosque y acabara con ella.

Pero el cazador se apiadó de Blancanieves y no le hizo ningún daño. "No vuelvas a palacio", le aconsejó, "la Reina te quiere muerta".

"Y ¿qué hago? ¿Adónde voy?", se preguntó.

Después de mucho caminar, Blancanieves llegó a una casita. No había nadie, pero entró y vio que había siete camitas dispuestas en fila y una mesa muy baja y muy larga con siete platos y sus cubiertos.

Tenía tanto sueño que se acercó a la chimenea y se quedó dormida en el suelo. Allí la encontraron los siete enanitos cuando volvieron aquella noche a la casita donde vivían.

Al verla, los enanitos se quedaron de piedra y aún se sorprendieron más cuando oyeron lo que le había pasado. "¡Pobrecilla!", exclamaron. "Aquí estarás a salvo. Puedes ocuparte de la casa mientras trabajamos y, por la noche, cenaremos todos juntos".

"Muchas gracias", respondió Blancanieves.

"Pero ten cuidado", le advirtieron los enanitos. "Tu madrastra podría encontrarte, incluso aquí en el bosque. No dejes entrar a nadie".

Mientras tanto, en palacio, la Reina preguntaba al espejo mágico: "Espejito, espejito, dime una cosa, ¿quién es de todas la más hermosa?".

"Tu belleza es grande, pero Blancanieves sigue siendo la más hermosa".

"¡Pero si está muerta!", protestó la Reina, enfurecida. "¿O acaso no lo está?".

Por respuesta, el espejo le devolvió una imagen de Blancanieves rodeada de enanitos sonrientes.

La Reina gritó furiosa: "¡Ese ruin cazador me ha engañado! Tendré que matarla yo misma...".

A la mañana siguiente, justo cuando acababa de recoger los platos del desayuno, Blancanieves oyó unos golpes en la puerta. Se asomó por una rendija y vio a una anciana.

"Vendo cosas muy bonitas", dijo la mujer con un cinturón de plata en las manos.

"No puede pasar, lo siento", se excusó Blancanieves.

"Pues sal tú", propuso la viejecilla.

Blancanieves no quería ofenderla, de modo que salió. La mujer le colocó el cinturón y tiró con todas sus fuerzas. Blancanieves dio un grito ahogado y cayó al suelo, sin ser capaz de respirar.

Cuando los enanitos regresaron por la noche, allí seguía tumbada. En cuanto le desabrocharon el cinturón, Blancanieves volvió en sí.

"Para otra vez, ni se te ocurra abrir la puerta", le advirtieron.

Al día siguiente, volvieron a llamar a la puerta. "No puedo abrir la puerta", contestó Blancanieves.

"Pues abre la ventana", oyó decir a una voz.

Al abrirla, Blancanieves vio a una viejecita con un peineta de plata. "Toma, pruébatela".

La peineta era tan bonita, que Blancanieves no pudo evitar acercar la mano, pero en cuanto la tocó, cayó al suelo envenenada.

Cuando los enanitos volvieron, se la arrancaron de la mano y Blancanieves se recuperó de nuevo. "No aceptes nada de nadie", volvieron a advertirle.

Al día siguiente, otra vez se oyó la puerta. "¿Quién es?", preguntó Blancanieves con temor.

"Soy la frutera. Vendo manzanas".

Blancanieves se asomó por la ventana y vio a una viejecita que llevaba un gran canasto de apetitosas manzanas.

"Están riquísimas", dijo mientras alzaba una de color verde y rojo. "Mira", y le dio un mordisco por el lado verde.

"Si la ha probado ella, no me va a pasar nada", pensó Blancanieves mientras la mordía por el lado rojo, pero al instante se desplomó. La anciana se quitó la capucha y soltó una carcajada. Era la Reina, y el lado rojo de la manzana estaba envenenado.

En esta ocasión, los enanitos no consiguieron reanimarla. Con enorme tristeza, le fabricaron un ataúd de cristal, para que no dejara de verse su belleza, y la dejaron en un claro del bosque.

Unas cuantas semanas más tarde, un príncipe que cabalgaba por el bosque encontró a la bella Blancanieves en su ataúd de cristal y, al instante, se enamoró perdidamente de ella.

El príncipe saltó de su caballo, levantó la tapa del ataúd y alzó a Blancanieves. Con ella en brazos, el príncipe tropezó con unas raíces y esto hizo caer el trozo de manzana envenedado que Blancanieves aún tenía en la boca.

Blancanieves abrió los ojos al instante. Al verse en los brazos de un apuesto príncipe, se le encendieron las mejillas.

"¡Estás viva!", exclamó el príncipe rebosante de alegría. "¿Quieres casarte conmigo?", añadió el joven sin pensárselo dos veces.

"Sí", contestó enseguida Blancanieves, todavía más sonrojada.

Y al poco se casaron en una bonita ceremonia con los siete enanitos como invitados de honor.

Hansel y Gretel

Hansel y Gretel vivían con su padre y su madrastra en una humilde cabaña junto a un bosque.

El bosque era tan denso y enorme que Hansel y Gretel apenas lo conocían. Cada mañana, su padre salía con el hacha y regresaba por la noche con varios haces de leña que luego vendía en el pueblo. Pero corrían tiempos difíciles y, por más que trabajara, siempre pasaban hambre.

Una noche, cuando Hansel y Gretel ya se habían ido a la cama, la madrastra miró a su marido y le dijo: "Si no fuéramos más que tú y yo, nos las apañaríamos, pero con esos dos niños, nos moriremos todos de hambre. Llévalos al bosque y déjalos allí".

"¡Eso nunca!", fue la respuesta del leñador. Pero la madrastra no se dio por vencida. El hambre le había vuelto el corazón de piedra y, tanto insistió, que su marido acabó accediendo.

Hansel y Gretel, que con el ruido de las tripas no se habían dormido todavía, lo oyeron todo.

"¿Qué hacemos, Hansel?", susurró Gretel.

"No te preocupes, Gretel. ¡Se me ha ocurrido una idea!", contestó su hermano. Hansel esperó a que todos durmieran y entonces salió de la casa y se llenó los bolsillos de piedrecitas.

Por la mañana, el leñador abrazó a sus hijos y les dio un mendrugo de pan a cada uno. "Poneos los abrigos", les ordenó con desánimo. "Hoy venís conmigo a recoger leña".

Los llevó bosque adentro por senderos oscuros que iban torciendo a un lado y a otro. Cada vez que cambiaban de rumbo, Hansel se quedaba atrás y dejaba caer una de sus piedrecitas.

"No te quedes atrás, hijo", refunfuñaba el padre.

Al cabo de mucho andar, llegaron a un claro del bosque. “Quedaos aquí mientras corto la leña”, les pidió con tristeza. “Luego vuelvo a buscaros”.

Hansel y Gretel se sentaron a esperar. Oían a lo lejos los golpes del hacha, que no eran del hacha, sino de una rama que el leñador había colgado para que chocara contra un árbol cada vez que había un golpe de viento.

Hansel y Gretel esperaron hasta que empezó a anochecer. La niña tiritaba de frío. “Vámonos a casa”, dijo entonces Hansel. Y los dos siguieron el rastro de piedrecitas hasta llegar a la cabaña.

“¡Habéis encontrado el camino!”, exclamó el leñador con alivio.

La madrastra torció el gesto y, en cuanto los niños se fueron a la cama, se volvió a su marido: “Mañana te los llevas otra vez”.

Hansel y Gretel la oyeron de nuevo.

"No te preocupes", dijo Hansel. "Recogeré más piedras". Cuando todos se durmieron, el niño fue de puntillas a la puerta, pero no pudo abrirla. Su madrastra había echado la llave. "No importa", se dijo con valentía. "Encontraré otra solución".

A la mañana siguiente, el leñador dio un beso a sus hijos y repartió entre los dos el último trozo de pan que quedaba en la casa.

"Poneos los abrigos", les dijo apesadumbrado. Al poco, los tres se pusieron de camino al bosque. Esta vez, en los bolsillos de Hansel no había más que un mendrugo de pan, de modo que el niño fue dejando un rastro de miguitas.

El leñador los dejó en medio del bosque como el día anterior y los dos esperaron hasta el atardecer. Pero cuando fueron a emprender el regreso, no encontraron el rastro de migas. Los pajaritos del bosque se las habían comido.

"Bueno, seguro que me acuerdo del camino", pensó Hansel. Sin embargo, por mucho que lo intentó, le fue del todo imposible. Dieron vueltas y más vueltas hasta que, al final, acabaron en otro claro del bosque.

"¡Mira!", exclamó Gretel. Era una casita de chocolate, con ventanas de caramelo y flores de azúcar alrededor de la puerta. Era preciosa y olía de maravilla, así que se acercaron a verla.

Con el hambre que tenían, no se lo pensaron ni un instante y se pusieron a dar grandes bocados a la casa. Comieron y comieron sin parar hasta que ya no pudieron más y cayeron rendidos.

Un brusco empujón despertó a Gretel. Se lo había propinado una bruja, que había construido la casita de chocolate para atrapar a los niños que pasaran por allí.

"Venga, levántate, niña", le ordenó. "De ahora en adelante, vas a ser mi criada".

"¡No empuje a mi hermana!", protestó Hansel, pero cuando intentó levantarse, la cabeza le chocó contra algo duro. Era una jaula. "¡Déjeme salir!".

La bruja soltó una carcajada. "Todavía no. Cuando estés más gordo, te comeré con patatas".

Todos los días, la bruja le pedía que sacara un dedo para ver cuánto había engordado, pero el niño se dio cuenta de que la bruja no veía bien y lo que le enseñaba era una ramita. "¿Por qué no engordará este niño?", se quejaba con fastidio por tener que esperar otro día.

Hasta que, una mañana, a la bruja se le acabó la paciencia. "Abre el horno", ordenó a Gretel. "Ya está caliente y tengo hambre".

"¿Qué hago? ¿Cómo se abre?", le preguntó Gretel haciéndose la tonta.

"Así, bobaliconа", contestó la bruja mientras se agachaba frente al horno.

Gretel aprovechó entonces para meterla dentro de un empujón y cerró de golpe la puerta. Luego abrió la jaula donde estaba su hermano y los dos salieron corriendo de la casa con un cesto lleno de chocolate y la bolsa donde la bruja guardaba el oro.

Al cabo de un rato dieron con un sendero que conocían y así llegaron hasta su cabaña. El padre estaba solo, pues la madrastra se había marchado. "¡Mis hijitos!", dijo entre sollozos y abrazos.

Gracias al oro de la bruja se acabó el hambre y los tres vivieron felices por siempre jamás.

Caperucita Roja

Érase una vez una niña que tenía una bonita capa roja con capucha. Le gustaba tanto que la llevaba siempre puesta. Por eso la gente la llamaba Caperucita Roja.

Un día, la mamá de Caperucita Roja la mandó con un bizcocho a casa de su abuela, que vivía al otro extremo del bosque.

"Ten cuidado, hijita; no te alejes del camino", le advirtió. "Y no hables con lobos".

Caperucita Roja se marchó tan contenta e iba tan distraída, cantando y recogiendo flores, que no se fijó en una silueta que saltaba de sombra en sombra...

De repente, en lo más profundo del bosque, un lobo feroz se interpuso en el camino. "¿Adónde vas, niñita?", gruñó.

Caperucita Roja se llevó tal susto que se olvidó de la advertencia que le había hecho su madre. "A ver a mi abuelita, que vive justo al otro lado del bosque", contestó. "Le llevo un bizcocho".

El lobo feroz, que había aparecido con la intención de comerse a la niña en ese mismo momento, pensó: "Mejor me zampo primero a la abuelita, y a la niña me la como de postre con el bizcocho".

El lobo feroz se despidió de Caperucita y se marchó corriendo a la casa de la abuela, así que llegó mucho antes que la niña. *¡Toc, toc, toc!*, repiqueteó con impaciencia.

"¿Quién es?", preguntó la abuelita.

"Soy tu nietecita", respondió el lobo poniendo voz de falsete. "Te traigo un bizcocho".

"Pasa, la puerta está abierta", contestó la abuela.

Nada más entrar, el lobo feroz se abalanzó sobre la ancianita y la engulló de un solo bocado.

Luego se cubrió sus enormes orejas con el gorro de dormir de la anciana, se echó un chal sobre los hombros peludos y se metió en la cama.

Al poco, alguien llamó de nuevo a la puerta. "¿Quién es?", preguntó el lobo con voz de falsete.

"Caperucita Roja", contestó la niña. "Te traigo un bizcocho, abuelita".

"Entra, la puerta está abierta", dijo el lobo.

Caperucita pasó y se quedó mirando a su abuela. "Abuelita, ¡qué orejas más grandes tienes!", exclamó.

"Son para oírte mejor", gimoteó el lobo.

"Abuelita, ¡qué ojos más grandes tienes!".

"Son para verte mejor", fue la respuesta del lobo.

"Abuelita, abuelita, ¡qué dientes más grandes tienes!", notó entonces Caperucita.

"¡Son para comerte mejor!", rugió el lobo feroz y, de un solo bocado, se zampó a la niña enterita con el bizcocho.

Con tanta comida, al lobo le entró sueño y, después de un largo bostezo, se quedó dormido en la misma cama de la abuelita.

Los ronquidos del lobo eran tan tremendos que un leñador que pasaba por allí se extrañó al oírlos.

"¡Vaya ruido!", se dijo. "Por si acaso, voy a comprobar que todo esté bien".

Con mucho sigilo, el leñador abrió la puerta y allí encontró al lobo feroz con una tripa tan hinchada que enseguida se imaginó lo que había dentro. "Si me doy prisa, quizá pueda salvar a quienquiera que se haya zampado", pensó.

El leñador se acercó de puntillas y, con un par de tijeras... *¡Tris, tras!* De la barriga del lobo salió Caperucita. *¡Tris, tras!* Y detrás de ella, apareció su abuela.

"Rápido. Tráeme unas cuantas piedras", pidió el leñador a la niña. En cuanto Caperucita las trajo, el leñador las metió en la tripa del lobo y se la cosió. Luego, todos salieron de la casa con mucho sigilo.

El lobo se despertó al rato sintiendo un gran malestar. "Creo que la abuela no me ha sentado nada bien", refunfuñó. "Voy a beber un poco de agua a ver si se me pasa".

Fue corriendo al río, con las piedras bailándole en la barriga, pero cuando se agachó a beber, perdió el equilibrio y cayó al agua. *¡Plas!* La corriente se lo llevó río abajo y ya nunca se volvió a saber más de él.

Caperucita Roja y su abuelita vivieron felices gracias al valiente leñador que las salvó y la niña nunca más volvió a hablar con ningún lobo.

El zapatero y los duendes

Había una vez un viejo zapatero a quien el negocio le iba de mal en peor. Tenía tan poco dinero que ni siquiera podía comprar piel para los zapatos...

Ya solo tenía unos retales.

"Lo justo para un par de zapatitos", pensó con las tijeras en la mano. Con mucho cuidado, empezó a cortar las piezas, pero cuando por fin acabó, ya había anochecido y estaba demasiado oscuro para coserlas.

"Mañana los termino", le dijo a su esposa entre bostezos. Sin embargo, no fue así...

Cuando se levantó a la mañana siguiente, las piezas de piel habían desaparecido y en su lugar había un par de zapatitos, perfectamente cosidos y con un brillo deslumbrante.

"¿Cómo es posible?", se preguntó sin entender nada. Los zapatitos eran preciosos. "Mira", dijo a su esposa. "Alguien los terminó anoche".

"Quienquiera que sea sabe coser zapatos", comentó la mujer.

Vendieron aquellos zapatitos por una moneda de oro, con la que compraron más piel.

"Ahora ya tengo suficiente para dos pares", dijo con satisfacción el zapatero mientras buscaba las tijeras. Al anochecer, había acabado de cortar todas las piezas para dos pares de botas altas.

"Las acabo mañana", se dijo al ver la hora.

Sin embargo, por la mañana, encontró dos pares de botas, cosidas con gran esmero y con sendos pares de hebillas doradas, que vendió por cuatro monedas de oro.

Y así fueron pasando los días. El zapatero compraba y cortaba las piezas y, todas las noches, alguien las cosía y hacía calzado de una belleza extraordinaria.

El negocio iba viento en popa con la llegada de más y más clientes, pero el zapatero y su mujer seguían sin saber quién los ayudaba. Una noche, los dos se escondieron tras una cortina y esperaron.

Cuando ya casi se habían congelado de frío, oyeron el crujir de una puerta. Dos hombrecillos vestidos con harapos entraron de puntillas en la zapatería. "¡Duendes!", susurró el zapatero con gran sorpresa.

Los duendes treparon a la mesa y se pusieron a coser con sus ágiles deditos. Cuando acabaron toda una hilera de botas y zapatos, se levantaron y se marcharon.

"Pobrecillos", se compadeció el buen zapatero. "Tan trabajadores y vestidos solo con harapos".

"Tengo una idea. ¿Y si les cosemos unos trajes para agradecerles el esfuerzo?", propuso su esposa.

El zapatero pensó que la idea era fenomenal.

Ese mismo día, en lugar de cortar la piel como de costumbre, hizo unas botitas para los duendes, y su mujer, dos trajecitos diminutos. A la hora de acostarse, colocaron los regalos encima de la mesa y se escondieron detrás de la cortina.

A medianoche, se oyó el crujir de la puerta. Los duendecillos entraron y, al instante, dieron un grito de alegría: "¡Trajes nuevos!".

Se pusieron los trajes y, al verse en el espejo, empezaron a dar volteretas por toda la habitación mientras cantaban…

Con ropas tan finas y elegantes,
no podemos coser ya como antes.

Y, sin dejar de cantar, salieron por la puerta y ya no regresaron jamás.

El zapatero y su esposa se miraron y sonrieron satisfechos. En realidad, no les importaba haber perdido a sus mágicos ayudantes; ahora tenían mucho dinero y montones de ideas para zapatos nuevos. Gracias a los duendes, ahora el negocio les iba de maravilla.

Aladino y la lámpara maravillosa

Aladino era un muchacho muy pobre y sin nadie en el mundo salvo su madre. O al menos eso creía hasta que, un día, conoció a un hombre vestido de mago...

"¡Aladino! Soy yo, Abanazar".
"Abana... ¿qué?", balbuceó el muchacho.

El hombre le devolvió una gran sonrisa. "Soy tu tío, el que vivía en el extranjero. Hazme un favor y te haré rico".

"No me vendría mal algo de dinero", pensó Aladino. El hombre lo condujo a la ladera de una montaña y allí pronunció unas palabras mágicas. Se oyó un trueno y en el suelo se abrió una grieta. Aladino se quedó de piedra.

"Por aquí se entra a una cueva llena de tesoros", reveló Abanazar. "También hay una lámpara vieja. Tráemela y quédate con lo que quieras del tesoro".

Aladino se armó de valor y bajó a la cueva. Poco a poco, los ojos se le fueron acostumbrando a la oscuridad.

Cuando vio los árboles frutales que poblaban la cueva, cargados de joyas, se quedó boquiabierto. A sus pies también estaba la vieja lámpara de latón que quería su tío.

Aladino se llenó todos los bolsillos de diamantes, rubíes y esmeraldas. Bajo un árbol encontró también un anillo con algo grabado y, sin pensarlo, se lo puso. Después, agarró la lámpara y volvió por donde había venido.

"Venga, venga. Dame la lámpara", le pidió desde arriba Abanazar con impaciencia.

Sin embargo, algo en el gesto de su tío hizo recelar a Aladino. "Ayúdame a salir primero", dijo.

"¡La lámpara!", gruñó Abanazar.

Aladino negó con la cabeza.

"¡Pues ahí te quedas!", gritó furioso Abanazar.

Con un pisotón, hizo que la grieta se cerrara de nuevo y Aladino se vio solo en la oscuridad.

"Y ahora, ¿qué hago?", se preguntó. "Quizás, si consigo encender la lámpara...". Aladino la frotó con la manga y, de repente, de la lámpara salió un gigante. "¡Un genio!", exclamó Aladino.

"Soy el gran genio de la lámpara", bramó. "Tus deseos son órdenes para mí".

"Quiero volver a casa", sollozó Aladino.

El genio chasqueó los dedos y, al instante, Aladino se encontró a la puerta de su casa.

"Pero, ¿dónde te habías metido?", le preguntó su madre. Aladino le contó lo sucedido. "Ese mago está mintiendo", dijo la madre cuando oyó el relato. "Tú no tienes ningún tío, aunque sí tenía razón en lo de hacerte rico... ¡Mira qué joyas!".

"Lo más valioso es la lámpara", dijo Aladino. "Por eso me la pedía con tanta insistencia".

Aladino y su madre habían salido de la pobreza ya que el genio de la lámpara hacía realidad todos sus deseos. Así fue pasando el tiempo hasta que, un buen día, Aladino conoció a la hija del Sultán, la bella Badralbudur, y ambos se enamoraron perdidamente. Aladino se pasaba los días suspirando por su amada, hasta que su madre le propuso hacer algo para solucionar aquella situación.

"Vamos a ofrecer las joyas al sultán para pedir a su hija en matrimonio", sugirió.

Al sultán le encantó el regalo, pero no le gustó que Aladino fuera un muchacho común y corriente. "¿Cómo vas a mantener a mi hija, una princesa?", bramó.

"Con esto", contestó Aladino al tiempo que alzaba la lámpara.

De pronto, apareció un genio entre una espesa humareda. "Quiero un palacio inmenso de oro".

El genio chasqueó los dedos.

El sultán, que no conseguía salir de su asombro, dio su consentimiento para que se celebrara la boda. Aladino y Badralbudur estaban contentísimos.

Los festejos duraron varios días y atrajeron a muchos forasteros. Y allí, entre la muchedumbre, estaba Abanazar. "Tiene la lámpara", murmuró. "Pero ya se puede ir despidiendo de ella".

Un día, Abanazar esperó a que Aladino saliera y se colocó con muchas lámparas bajo una ventana. "Cambio lámparas nuevas por viejas...", pregonaba.

Badralbudur se asomó a la ventana. "Aquí tienes una", dijo ofreciendo la lámpara de Aladino. La princesa no sabía de la existencia del genio y pensó que su marido se alegraría del trueque.

Cuando Abanazar tuvo la lámpara, la frotó. De repente, apareció el genio. "Llévame a un país lejano con este palacio", ordenó el mago.

En cuanto Aladino regresó a casa, descubrió que la princesa y el palacio habían desaparecido. "¡Badralbudur!", gimió. Se llevó las manos a la cara y, sin darse cuenta, frotó el anillo que llevaba puesto.

De repente, apareció una silueta entre volutas de humo. "Soy el genio del anillo".

"Devuélveme a mi querida esposa", rogó desesperado Aladino.

"Mis poderes no pueden con los del genio de la lámpara, pero si quieres, te llevaré a su lado", respondió el genio.

El genio chasqueó los dedos y, al instante, Aladino se halló en el palacio robado, abrazando a su esposa. Ahora tenían que huir.

Esa noche, Badralbudur ofreció una bebida a Abanazar. Se la tomó de un trago y se quedó dormido, pues llevaba un somnífero muy potente. Badralbudur recuperó la lámpara y corrió junto a Aladino, que la estaba esperando.

Aladino frotó el anillo y, al momento, apareció el genio dispuesto a recibir sus órdenes. "Encierra a Abanazar en la cueva de la montaña", le ordenó.

Badralbudur frotó entonces la lámpara. El otro genio salió al instante. "Llévanos a casa", le pidió.

Y, complaciente, el genio los devolvió a su tierra. Sin embargo, esta vez, sin un mago malvado para hacerles la vida imposible, Aladino y Badralbudur vivieron felices hasta el final de sus días.

Los tres deseos

Había una vez un viejo campesino que andaba recogiendo setas. A punto estaba ya de arrancar una bien grande cuando oyó una vocecita muy fina que gritaba: "¡Noooo!".

Cuando el viejecillo se agachó, vio que de la seta salía nada menos que un hada. La seta debía de ser su casa.

"No me dejes sin casa", le suplicó. "A cambio, te concedo tres deseos".

El viejecillo no se lo pensó dos veces.

"¡Trato hecho!", exclamó, y fue a dar la noticia a su mujer. "¿Qué podría pedir primero?", se decía. "¿Una mansión, ropa nueva, un saco de oro…?".

"Es muy temprano", le dijo su mujer nada más verlo. "La cena no está lista".

"Vaya", dijo algo contrariado, ya que las tripas le sonaban de hambre. "Con las ganas que tengo de comerme un chorizo".

¡Pum! Un chorizo apareció de repente encima de la mesa. La mujer se quedó mirando atónita. "Pero, ¿cómo lo has hecho?". El viejecillo le contó su encuentro con el hada.

"¡Qué necio eres!", exclamó la mujer. "¿Cómo has podido perder un deseo tan tontamente? ¡El chorizo te lo pondría yo de nariz!".

¡Pum! Dicho y hecho, el chorizo pasó a colgar de la nariz del viejo.

"¡Nooo!", gritó la mujer. Intentó arrancar el chorizo de la cara de su marido, pero no hubo manera.

"Bueno, por lo menos todavía nos queda un deseo. Vamos a ver, ¿qué pedimos?".

El viejecito se tocó la enorme nariz de embutido. "Como comprenderás, así no me puedo quedar".

La mujer sonrió y dijo: "Quiero que el chorizo vuelva a la mesa". *¡Pum!* Y al instante, su deseo se cumplió. "Ya no nos quedan deseos", dijo apenado. "Bueno, al menos tenemos un chorizo para la cena".

Redacción: Lesley Sims
Diseño: Caroline Spatz
Redacción en español: Cristina Fernández Martínez, Antonio Navarro Gosálvez e Isabel Sánchez Gallego